1818

MODES ET DESSINS DE BRODERIE

EMBROIDERED FRENCH FASHIONS

OF THE EARLY 19TH CENTURY

50 HAND-TINTED PLATES
WITH ACCOMPANYING
EMBROIDERY ILLUSTRATIONS

1818

Modes et Dessins de Broderie
Embroidered French Fashions
of the Early 19th Century

a quality digital reproduction of an antique book
full of ideas and inspiration for modern needleworkers
by
Art of the Needle Publishing

© 2018 All Rights Reserved.
Reproduction by any means, including digital and print, is prohibited.

Questions? Comments? Write us at ArtoftheNeedlePublishing@gmail.com

Available in both print and ebook formats through Amazon.

Costume Parisien.

Robe plus courte que le dessous.

Costume Parisien

Robe de Crepe garnie de Crepe. Corsage de Satin.

MODES ET DESSINS DE BRODERIE

Costume Parisien.

Robe de Satin, garnie de duvet de Cygne. Chapeau de Satin orné d'un panache de Marabouts.

PAGE 7

Turban de Cachemire et perles, par-dessus de Velours plein.

Costume Parisien.

Robe de Tulle, garnie d'un bouillon de gaze, entrecoupé par des rouleaux de Satin.

MODES ET DESSINS DE BRODERIE

Costume Parisien

Turban de mousseline lamée orné d'un héron, robe en Velours plein, garniture en mousseline attachée par des nœuds de ruban.

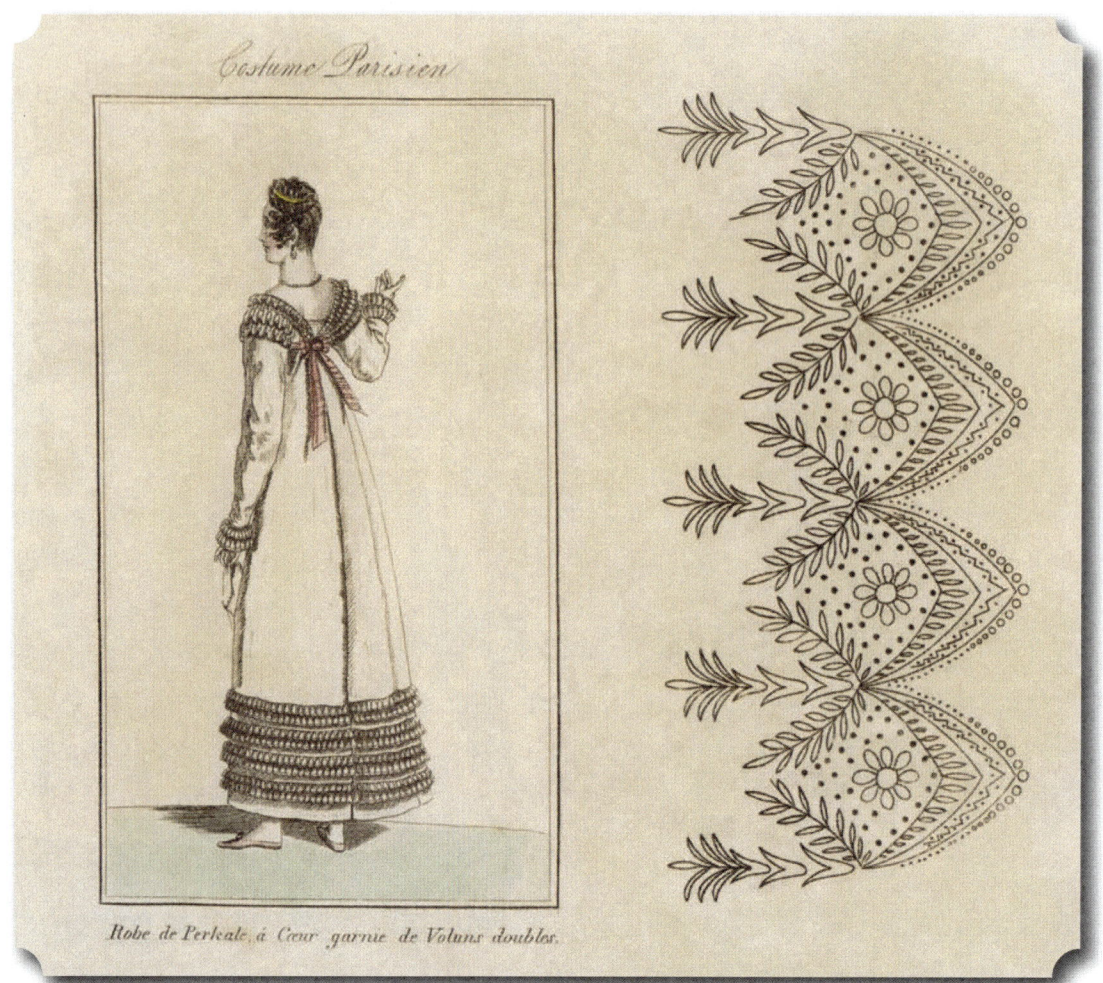

Costume Parisien

Robe de Perkale, à Cœur garnie de Volans doubles.

MODES ET DESSINS DE BRODERIE

Costume Parisien.

Chapeau de Gaze et Satin. Robe de Cachemire.

PAGE 15

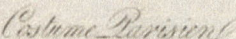
Costume Parisien

Robe de Gaze garnie d'une Blonde et dans le bas d'une Bande de Satin bordée de deux Ruches de Gaze découpée.

MODES ET DESSINS DE BRODERIE

PAGE 16

Costume Parisien.
Capote de Perkale Redingote de Perkale garnie en Mousseline.

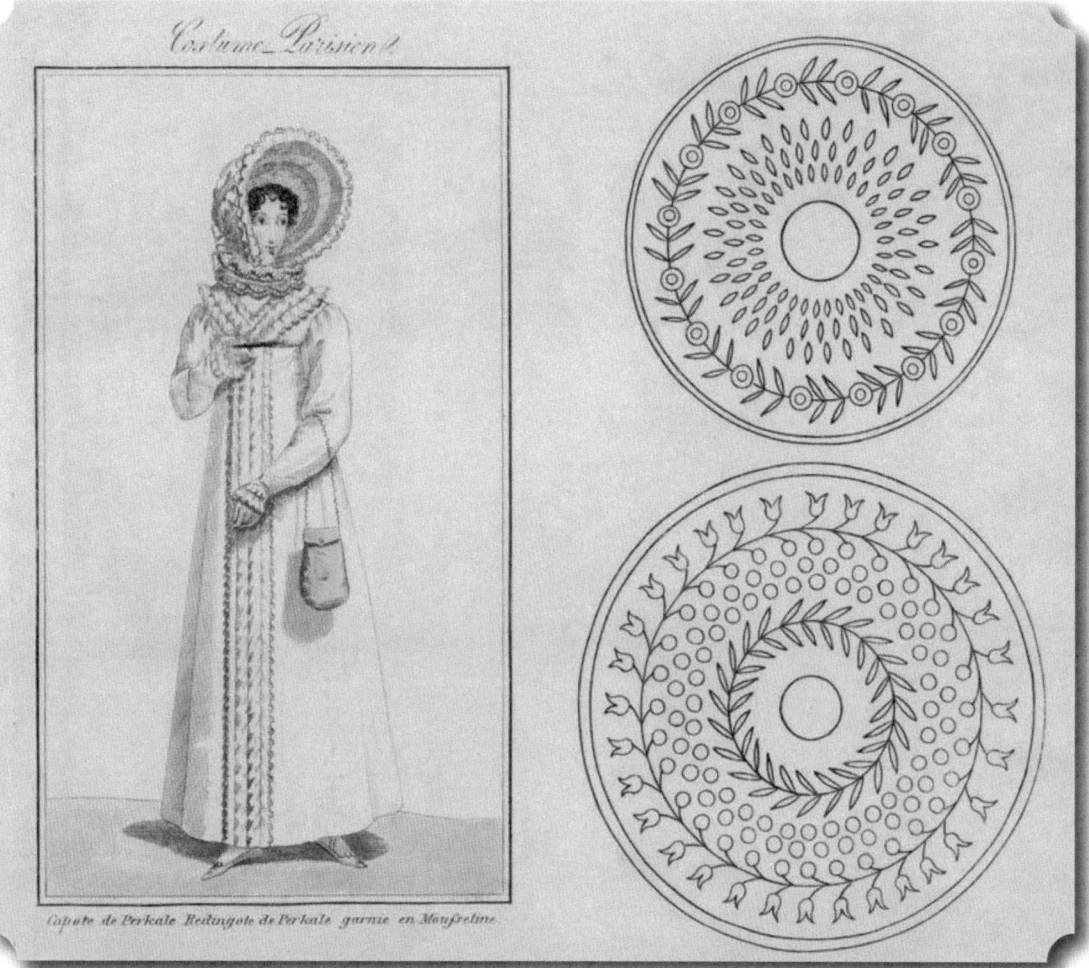

Costume Parisien

Chapeau de gros de Naples orné de plumes de Coq. Spencer de Velours garni de Crèvé de Satin. Robe garnie de Coques de Satin avec entredeux de Tulle.

MODES ET DESSINS DE BRODERIE

PAGE 24

Pélerine en fichu, Capote de Percale, Robe de Percale.

Chapeau de Gaze, Robe de Perkale à garnitures bouillonnées.

Redingote de Mérinos garnie d'une bande de Velours

Chapeau de paille d'Italie, Robe de Perkale à Corsage à schall.

Chapeau de Crêpe. Redingote de Perkale.

MODES ET DESSINS DE BRODERIE

PAGE 36

MODES ET DESSINS DE BRODERIE

Costume Parisien

Robe de Mérinos garnie en Velours, avec brandebourgs

PAGE 37

Costume Parisien

Chapeau de gros de naples robe de Soie avec garnitures pareille

MODES ET DESSINS DE BRODERIE

PAGE 38

Costume Parisien

Redingote de Gros de Naples à Brandebourgs de soie

Costume Parisien

Chapeau de Gros de Naples. Spencer de Velours plein. Robe de Perkale.

MODES ET DESSINS DE BRODERIE

PAGE 40

Costume Parisien

Chapeau de Satin bordé de duvet. Redingote de Levantine. Nœuds de Satin.

Costume Parisien

Chapeau de satin, orné de Marabouts, Robe de Mérinos

MODES ET DESSINS DE BRODERIE

PAGE 42

Modes et Dessins de Broderie

Costume Parisien

Spencer de Lévantine à revers boutonnés, Robe de Mousseline brodée, garnie d'un Volant de Tulle et d'un Ruban.

PAGE 43

Costume Parisien

Spencer de Velours garni de Satin.

MODES ET DESSINS DE BRODERIE

PAGE 44

Costume Parisien

Capote de Perkale, Guimpe de Mousseline, Robe de Perkale.

Costume Parisien.

Chapeau de Gaze, Robe de Mousseline, pélerine de Perkale.

MODES ET DESSINS DE BRODERIE

PAGE 46

Costume Parisien

Chapeau de Tulle. Camezou de Mousseline brodé sur un transparent.

Devant de Corsage

MODES ET DESSINS DE BRODERIE

Col. d'Enfant.

Rond de Bonnet

MODES ET DESSINS DE BRODERIE

PAGE 52

Embroidered French Fashions
of the Early 19th Century

By the early 1800s the development of sewing and embroidery machines had increased the speed of garment production, allowing the latest whims of fashion to dominate. In the aftermath of the French Revolution, fashion became more about individual expression than an indicator of social status.

A more "natural" style of dress eliminated restrictive hoops and long trains in favor of cropped, loosely fitted chemises of lightweight fabric gathered high under the bust, often paired with short Spencer jackets or longer Redingotes left open to show the elaborately decorated garments underneath.

This era was renowned for floaty, feminine styles embellished with delicate embroidery and lace trims. The line drawings in this book are classic embroidery motifs, borders and edgings well suited not only for clothing embellishment but endlessly adaptable to modern whitework and colorful crewel techniques as well.

Modes et Dessins de Broderie

Made in the USA
Middletown, DE
12 December 2018